광복군 장준하를 지켜라!

장성자 글 | 정인성·천복주 그림

꿈교

✦ 작가의 말 ✦

어린이들에게 나라의 독립을
되찾아주려던 광복군 장준하의 꿈!

어느 봄날, 파주에 있는 '장준하 공원'에 들렀습니다. 길가에 있는 작은 공원은 신경 쓰지 않으면 그냥 지나칠 장소였습니다. 그곳에서 광복군 장준하를 만났습니다. 작은 공원과 간단한 이름으로는 다 품을 수 없는 삶이 그 안에 있었습니다. 그냥 지나치면 안 되는 걸음이 있었습니다.

민주화 운동가로도 알려진 장준하는 일제강점기인 1918년에 태어났습니다. 나라를 빼앗긴 민족의 고통을 오롯이 당하며 자랐고, 1944년 일본 군대에 학도병으로 강제 입대했습니다. 일본 편에서 싸우는 군인이 된다는 건, 죽기보다 싫었습니다. 하지만 일본군이 되지 않으면 가족에게 피해가 갈 게 뻔했습니다. 어쩔 수 없이 장준하는 중국에 주둔한 일본 군부대인 츠카다 부대에 들어갔습니다.

그런데 일본 군대에 들어갈 때부터 장준하에게는 이미 계획이 있었습니다. 일본 군대를 탈출하여 중국 충칭에 있는 우리나라 임시정부를 찾아가기로 굳게 마음먹었답니다.

1932년 윤봉길이 상해 훙커우 공원에서 일으킨 '도시락 폭탄 사건'으로 일본의 압력이 거세지면서, 상해 임시정부는 상해를 떠나 중국 이곳저곳을 떠돌아야 했습니다. 그 모든 여정은 우리나라의 독립을 위해 가는 길이었습니다.

1940년 임시정부는 충칭에 자리를 잡았습니다. 김구 주석과 독립 인사들은 그동안 해 왔던 독립운동과는 다른 새로운 독립운동의 길을 찾았습니다. 고민 끝에, 임시정부는 오랜 꿈이던 '광복군'을 창설했습니다. 당시 세계는 2차 세계대전 중이었습니다. 광복군의 최종 목표는 연합군으로 함께 싸워 승전국이 되고, 우리나라의 독립을 이루는 것이었습니다. 장준하는 바로 이 광복군을 찾아가기로 계획했던 것이지요.

1944년 7월 7일, 장준하와 동료 셋은 일본 군부대의 철조망을 넘었습니다. 충칭까지는 약 6천 리나 되는 길고 험난한 길을 넘어야 했습니다. 목숨을 건 탈출과 여정이었습니다.
'다시는 못난 조상이 되고 싶지 않다.'
장준하가 일본 군대를 탈출한 단 하나의 이유였습니다. 우리나라의 독립을 되찾아야만 하는 절실한 이유였습니다.
장준하는 떠올렸을 겁니다. 당시 일제 통치 아래에서 자라던 어린이와 앞으로 태어날 이 나라의 어린이를 말이지요. 이 치욕과 고통을 어린 민족에게 더는 주고 싶지 않았을 겁니다. 식민지에서 태어나는 새 생명들이 얼마나 안타까웠을까요?

장준하가 충칭에서 만났을 아이들을 상상해 보았습니다. 독립운동을 하는 부모님을 따라 중국을 떠돌던 아이들. 어른은 아이가 아무것도 모른다고 생각하기 쉽지요. 하지만 독립으로 가는 걸음을 옆에서 지켜보던 아이들도 그 간절함을 몸소 느꼈을 것입니다.
어린이를 생각하는 마음은 장준하뿐만이 아니었습니다. 함께 탈출했던 동료들이 그 마음이었고, 독립운동을 했던 사람들의 마음이 모두 그러했습니다.

광복군은 어렵고 힘든 훈련을 받았습니다. 다른 나라 군대와 함께 연합군으로서 일본과 싸워 나라를 되찾으려 했습니다. 광복군은 한반도에 먼저 침투하여, 일본을 한반도에서 완전히 몰아내겠다는 의지를 불태웠습니다. 하지만 작전은 시행하지 못했습니다. 작전을 며칠 앞두고 일본이 패망했으니까요. 꿈에 그리던 독립이었지만, 광복군이 직접 싸워 얻어내지 못했기에 마음껏 기뻐할 수 없었습니다.

그렇다고 그동안 독립을 하기 위해 애쓴 노력이 아무 의미도 없는 것은 아닙니다. 일제강점기부터 광복까지, 독립 의지와 열망이 줄곧 꺾이지 않았기에 우리 민족의 정신을 잃지 않았습니다.

나는 장준하 공원에서 다짐했습니다.

'6천 리 걸음을 기억하겠습니다. 고된 길임을 알면서도 걸음을 내디뎠던 이유와 의지를 기억하겠습니다.'

오늘날 이 땅을 살아가는 아이들과 함께, 그 걸음을 되새기고 싶습니다.

2023년 여름
장성자

+ 차례 +

작가의 말 +++ 4

1	연화지 청사 계단에서	+++ 11
2	이야기를 파는 삼촌	+++ 20
3	임시정부에 온 군인	+++ 25
4	갑작스러운 폭격	+++ 32
5	삼촌을 조심하라고?	+++ 43

6	몰래 본 일기장	+++ 52
7	탈출한 학도병	+++ 66
8	호랑이 굴에 온 아저씨	+++ 73
9	부를 수 없는 이름	+++ 82
10	다시는, 우리는 절대!	+++ 91
11	우리가 다시 만날 곳	+++ 103

일러두기

✦ 장준하 선생의 일기와 관련한 내용은 『돌베개』(장준하 지음, 돌베개 펴냄)를 바탕으로 재구성했음을 밝힙니다.

✦ 이야기 배경은 1945년 충칭 대한민국 임시정부이나, 1938년부터 1943년까지 일본이 항공기를 이용해 중국 충칭 민간인들에게 무차별로 가했던 대공습 사건을 소재 중 하나로 다루었습니다. 임시정부의 독립운동가들과 동포들이 충칭에 오기 전후로 내내 받아 온 일본의 공습 영향을 작품에 담고자 했습니다.

1
연화지 청사 계단에서

"으, 추워."

용주는 이불을 끌어당기다, 실눈을 뜨고 옆 침대를 보았다. 역시 이불이 납작하고 가지런했다. 눈을 끔벅이며 날짜를 세다 관두고 벌떡 일어났다.

"용주야, 밥 먹어라."

순애 엄마가 용주네 집과 맞닿은 벽을 툭툭 치며 용주를 불렀다. 용주는 대충 세수하고 책보를 챙겨 옆집으로 갔다.

"아버지는 새벽에 농장으로 가셨지? 이번엔 한참 걸린다 했으니, 오늘 밤부터 우리 집에서 지내자."

"네에."

순애 엄마의 말에 용주는 짧게 대답했다.
"오빠네 부모님은 중국 사람들 같아."
순애도 거들었다. 틀린 말도 아니다. 아버지는 여기 충청에 온 뒤 중국 사람 밑에서 일했다. 중국인 농장에서 농작물을 시장으로 실어 나르고 파는 일이었다. 엄마는 아예 그 농장에서 살며 일한다. 꼬박 하루를 차로 달려야 도착하는 곳이라고 했다. 엄마 소식은 가끔 아버지가 전해 줄 때만 알 수 있었다.
"잘 먹었습니다."
"오빠, 학교 같이 가자."

용주가 숟가락을 놓자 순애가 밥을 욱여넣으며 말했다. 중국 학교는 아직 겨울 방학이지만, 한인촌 아이들은 임정 어른들이 돌아가면서 가르치는 임시 학교를 다녔다.

"나, 오늘은 학교 안 갈 거야. 갈 데가 있어서."

신발을 신고 나서는데, 순애가 자기 엄마한테 속닥거렸다. 순애 엄마의 낮은 한숨이 용주를 따라왔다.

토교촌 어른들은 바쁠 때면 서로서로 아이들을 맡아 주며 일했다. 용주는 순애 엄마가 주로 돌봐 주었다.

오늘도 충칭의 하늘은 우중충하고 추웠다. 아침이라 안개가 더 두텁고 낮게 드리웠다. 이런 날 밖에 오래 있으면 기침이 날 수 있다. 용주는 윗옷을 끌어 당겨 입과 코를 가리며 터벅터벅 걸었다. 기침이 나긴 해도, 어둡고 흐린 날이라야 일본의 공습이 없어서 안심하고 다닐 수 있었다.

고개를 들어 보니 버스 정류장이었다. 용주의 하루가 시작되고 끝나는 장소. 혹시나 엄마가 오지 않을까, 기다리며 정류장을 서성거렸다. 벌써 한 달은 된 것 같다.

버스에서 사람들이 내렸다. 역시나 엄마의 모습은 보이지 않았다. 돌아서던 용주는 또 버스에 타고 말았다. 자리에 앉으며 용주는 후 하고 한숨을 내쉬었다.

한 달 전 엄마와 헤어진 후, 용주는 어쩌다 한 번씩 버스를 타곤 했다. 그날 엄마는 작은 가방을 꾸려 용주와 함께 버스를 탔다. 충칭 시내 연화지에 있는 임시정부 청사 어른들께 인사하러 간다고 했다.

토교에서 충칭으로 가려면 장강을 배로 건너기도 하고 버스로 가기도 했다. 충칭에는 조선 사람들이 많이 살지 않기에, 서로 가족같이 지냈다.

엄마가 어른들께 인사하고 간다는 건, 금방 돌아오지 않을 거란 뜻이었다. 용주는 괜히 심통이 나서 어른들이 주는 사탕도 받지 않았다. 용주와 함께 돌계단을 올라 임시정부 청사에 들렀던 엄마는, 용주의 손을 아버지에게 맡기고 홀로 계단을 내려가 떠났다.

어느새 용주가 탄 버스가 정류장에 다다랐다. 버스에서 내려 곧장 연화지 임시정부 청사로 걸어갔다.

계단 앞에서 용주는 숨을 크게 내쉬고 계단을 올랐다. 두세 계단을 오르고 뒤돌아보았다. 일본의 폭격에 여기저기 떨어져 나간 집들이 보였다. 두세 계단을 더 오른 다음 또 뒤돌아보았다. 저 멀리로 장강이 어렴풋이 보였다.

이곳은 장강 쪽에서 북쪽으로 올라간 돌산이다. 충칭 사람들은 이 돌산을 깎아 집을 지어 살아 왔다고 했다. 임시 정부 청사는 계단 아래쪽에서 보면 5층짜리 집 같지만, 실제로는 돌계단을 사이에 두고 양 옆에 한 채씩 지은 건물이었다.

용주는 계단을 더 오르다 중간쯤에서 몸을 완전히 돌려 공터를 내려다보았다. 안개가 점점 걷혀서, 사람들 모습이 뚜렷해졌다. 바삐 오가는 사람들 속에서 용주는 오직 한 사람만을 찾았다.

그사이 아까는 보이지 않던 사람들 무리가 보였다. 길게 줄을 서, 두리번거리며 터벅터벅 걷는데 삼십 명도 넘었다. 다들 남자 같지만 여자도 있는 것 같았다. 아이들도 보였다.

용주는 고개를 쑥 빼고, 엄마처럼 보이는 사람을 찾아 뚫어져라 쳐다보았다. 하지만 이내 고개를 저었다. 엄마는 저렇게 무리지어 두리번거리며 올 사람이 아니었다. 중국 피난민들인 듯싶었다.

중국도 몇 년 동안 일본과 전쟁을 치러 왔다. 충칭이 중국의 임시 수도여서, 중국 사람들이 충칭으로 피난을 많이 온다고 했다.

계단 아래에서 한 남자가 천천히 올라왔다. 무슨 생각을 하는지, 한 계단 한 계단 천천히 밟으며 올라왔다. 용주를 지나쳐, 임시정부 청사 앞에서 건물을 한참이나 바라보다가 한 손을 가슴에 얹고 뭐라고 중얼거렸다. 태극기를 보며 뭐라고 말하는 것 같았다. 군복을 입은 남자는 잠시 후

손을 내리더니 한 바퀴 원을 그리듯 주위를 둘러보았다. 그러더니 좀 더 올라왔다. 아빠보다 훨씬 어려 보였다. 머리는 짧고 안경을 썼다.

남자는 계단 맨 위에서 저 아래를 휘둘러보다가 다시 계단을 내려갔다. 그러곤 또 임시정부 청사를 올려다보았다. 이번엔 계단을 뛰어올라 왔다. 정신이 이상한 사람인가 싶기도 했다. 마른 몸이지만 무슨 훈련을 받는 사람처럼 힘차게 뛰었다.

'또 임정 사무실을 본다? 안 본다? 본다!'

용주는 혼자 내기를 하며 남자를 지켜보았다. 역시나 남자는 임시정부 청사로 들어가는 기둥을 쓰다듬었다.

'순애랑 내기했으면 이겼을 텐데……'

용주는 아쉬워하며 계단을 내려갔다. 학교를 가기엔 늦어 버려서 장강까지 걸어갈까 싶었다.

"나의 살던 고향은 꽃피는 산골……."

순간 용주의 입에서 노래가 흘러 나왔다. 엄마와 부르던 노래였다.

"복숭아꽃 살구꽃 그립습……."

"얘, 잠깐."

흥얼거리던 노래를 멈추고 뒤돌아보았다. 아까 그 남자가 용주를 보고 있었다.

"아, 조선 아이였구나."

남자가 눈을 반짝이며 씨익 웃었다. 용주는 고개를 갸웃했다. 아는 사람은 아니었다. 용주는 괜히 이 남자에게 어깃장을 놓고 싶어졌다. 군인 같은데 돌계단에서 왔다 갔다 하는 게 영 마뜩찮았다.

"조선이 대한민국이 된 지가 언젠데?"

"그렇지. 빨리 찾아야 할 우리나라 이름이지."

남자의 목소리가 단호했다.

"그런데 그 노래를 어떻게 아니? 오랜만에 듣는 노래구나."

용주는 잠시 머뭇거리다 아무 대답도 하지 않고 돌아서 계단을 내려갔다. 모르는 사람에게 엄마 얘기를 하고 싶지는 않았다.

2
이야기를 파는 삼촌

 다음 날도 용주는 정류장으로 갔다. 한참을 기다렸지만 역시나 엄마는 오지 않았다. 그렇다고 오늘도 버스를 탈 수는 없었다. 용주는 고개를 툭 떨어트리고 걸음을 옮겼다.
 "조용주!"
 용주는 몸을 돌려 자기를 부른 사람이 누굴까 찾았다. 남자 목소리였다.
 "녀석, 많이 컸구나. 몰라보겠는데?"
 남자가 불쑥 용주 앞으로 다가와 머리를 흐트러뜨렸다.
 "안녕하세요. 누구…… 아, 정운 삼촌!"
 "그래. 우리 조카 많이 컸구나. 벌써 3년이나 됐나?"

"삼촌, 언제 왔어요? 어디 갔다 왔어요?"

용주의 목소리가 하늘로 솟아오를 것처럼 커졌다.

정운 삼촌은 아버지의 막냇동생이다. 용주가 9살 때 잠시 같이 살았는데, 어느 날 갑자기 사라졌다. 아버지는 삼촌이 조선으로 갔을 거라고 했고, 용주는 삼촌이 중국 여기저기를 돌아다닐 거라고 생각했다. 삼촌은 떠돌아다니는 걸 좋아해서, 재미난 이야기도 많이 알았다.

"학교 가는 길이냐?"

"삼촌, 오늘 갈 거 아니죠?"

용주는 삼촌이 오자마자 가버릴까 봐 삼촌의 팔을 꽉 잡았다.

"안 간다, 안 가. 우리 용주랑 좀 살다가 갈 거니까 걱정 말고 학교 다녀오거라."

삼촌의 목소리는 몇 년 전에 비해 어른스러워졌다. 아버지 같았다. 그래도 좋았다. 삼촌은 삼촌이니까.

"진짜죠? 약속한 거예요!"

용주는 삼촌 손을 끌어다 새끼손가락을 걸었다.

아버지도 엄마도 없는 지금, 삼촌이 오다니 정말 꿈만 같았다. 삼촌에게 손을 흔들고 학교로 향했다. 뿌연 안개를 후

욱 들이마셔도 기침이 나지 않았다. 발에 용수철이라도 달린 것처럼 걸음이 통통 튀었다.

용주는 수업이 끝나자마자 집으로 달려갔다. 이렇게 집으로 달려가는 건 몇 년 만에 처음이었다. 방문을 벌컥 열어젖히고 들어갔다.
"삼촌!"
"어? 어."
방에 있던 삼촌이 놀라서 보고 있던 사진첩을 후다닥 덮었다. 바닥에는 사진 한 장이 빠져 나뒹굴었다.

작년 충칭에 사는 한인들이 모여서 행사를 치르면서, 음식을 나눠 먹고 찍은 사진이었다. 그때 아버지와 엄마는 음식을 주문받아 중국 식당에서 배달하는 일을 했다. 용주도 같이 가서 충칭에 사는 한인 아이들과 놀았다.

"금방 안 간다고 했는데 뭘 그렇게

달려오고 그래?"

삼촌은 슬쩍 사진첩에 사진을 끼워 넣더니 서랍에 넣었다. 용주는 삼촌 앞에 바짝 다가앉았다.

"삼촌, 여기 오기 전에 어디에 있었어요?"

"상해."

"상해요? 아버지와 엄마도 거기서 살았다고 했는데? 여기 충청 사람들도 상해에 많이 살았다고 했어요. 윤봉길인가 그 분이 폭탄을 터뜨려서 일본놈들을 죽였다는 거기죠?"

용주는 토교촌 어른들이 하던 얘기를 떠올리며 아는 체를 했다.

"그랬지. 벌써 13년 전 일이네. 상해를 아주 풍비박산내고 도망갔지. 그 때문에 상해에 사는 사람들이 엄청 고생했다던데. 그래도 상해만 한 도시가 없어. 서양인도 많고, 일본인도 많고, 한인도 많고. 아주 재미있는 도시지."

삼촌은 재밌다는 말을 하면서도 표정은 심드렁했다. 원래 삼촌은 두 손을 공중에 휘저으며 이야기를 막 부풀려서 재밌게 말하곤 했다.

"삼촌은 거기서 무슨 일 했어요?"

용주는 삼촌이 두 눈을 반짝이며 재밌는 이야기를 해 주길 기대했다.

"무슨 일? 음······."

삼촌은 음, 소리를 내며 집안을 둘러보았다. 삼촌의 눈이 서랍장으로 향했다. 그러면서 말했다.

"이야기를 팔았지."

"이야기를 팔아요?"

용주는 시장에서 장사꾼들을 많이 보았지만, 이야기를 파는 사람은 본 적이 없었다. 이야기를 판다는 말도 처음 들었다. 문득, 옛날엔 저잣거리에서 이야기를 해 주는 사람이 있었다는 말을 들은 기억이 났다. 삼촌이라면 여기저기 떠돌아다니니 그럴 만도 했다.

"이야기는 얼마예요?"

"그야, 사람들이 좋아하고 궁금해하는 이야기일수록 더 비싸지. 누구나 다 아는 이야기를 누가 좋아하겠어?"

맞는 말이다. 용주는 자신이 아는 이야기들을 생각해 보았다. 저절로 고개가 저어졌다. 용주가 아는 얘기는 친구들도 다 아는 데다 재밌지도 않았다. 사람들이 절대로 돈 주고 사지 않을 것이다.

3
임시정부에 온 군인

며칠 뒤 오후, 삼촌이 시장에 다녀온다며 나갔다. 삼촌이 온 후부터는 순애 엄마에게 신세를 지지 않았다. 삼촌은 밥을 하는 대신 시장에서 음식을 사다 먹었다. 시장에는 먹을 것도 많고 살 것도 많았다.

용주도 갑자기 시장에 가고 싶어졌다. 시장으로 달려갔다. 시장에 들어서자마자 음식 냄새에 배에서 꼬르륵 소리가 났다. 삼촌한테 뭘 사달라고 무턱대고 말은 못하겠지만 삼촌과 시장을 돌아다니고 싶었다.

가게 안을 들여다보고, 지나가는 사람들도 훑어보며 삼촌을 찾았다.

"분명 이 골목에 있을 텐데……."
 반찬이나 채소를 파는 골목인데도 삼촌은 보이지 않았다. 좀 더 위로 걸어갔다가 옷을 파는 옆 골목으로 들어갔다. 용주는 가게와 사람들을 천천히 살피며 걸었다.
 "삼촌이다."
 옷을 파는 골목 안 점포와 점포 사이에 삼촌이 서 있었다. 용주는 삼촌을 놀래 주려고 다가갔다. 삼촌은 어떤 아저씨와 이야기를 나누고 있었다. 그 아저씨가 삼촌에게 돈을 내밀었다. 돈을 받으며 삼촌은 허리를 숙였다.
 "누구지? 아, 삼촌도 여기 살았지."
 삼촌이 아는 사람을 만난 것 같았다. 삼촌이 돌아섰다. 삼촌이 용주를 보고는 놀라서 뛰어왔다. 삼촌 뒤에 있는 아저씨가 뭔가를 들여다보았다. 편지 같기도 했고, 사진 같기도 했다.

"어쩐 일이냐?"

"어, 삼촌이랑 시장 구경하고 싶어서요."

"그래? 우리 맛있는 거 먹고 갈까?"

삼촌은 용주를 데리고 어느 점포로 들어갔다. 매운 국물에 채소가 가득 들어간 탕을 파는 곳이었다.

"이렇게 춥고 우중충한 곳에 사는 사람들은 맵고 뜨끈한 국물을 좋아하지. 채소와 고기를 듬뿍 넣고 땀을 뻘뻘 흘리며 먹어야 이 추위를 견뎌 낼 수 있거든."

삼촌이 말하는데 입에서 뜨거운 김이 한꺼번에 나왔다. 삼촌은 아는 것도 많았다.

"삼촌, 돈 벌었어요? 좀 전에?"

"어? 어……."

"이야기 팔았어요? 많이 받았어요?"

용주는 모든 게 다 궁금했다.

"뭐, 더 받아야 하는데……. 사실, 삼촌은 지금 돈이 많이 필요하거든."

"왜요?"

"삼촌이 말이다. 이제 아빠가 된단 말이다. 흐흐흐흐."

용주의 눈이 커졌다.

"삼촌 결혼했어요? 언제요?"

"작년에. 아빠는 알 텐데, 못 들었니?"

용주는 기억을 더듬어 보았다. 들은 것도 같고 아닌 것도 같았다.

"잘 모르겠어요. 엄마가 한 달 넘게 집에 안 와서 엄마 생각하느라 잊어버린 것 같아요."

삼촌이 서운해할까 봐 엄마 핑계를 댔다.

"엄마가 농장에서 일하신다고?"

"네."

"평생 밭일이라곤 안 해 본 사람이…… 어느 농장이라든?"

용주는 고개를 저었다. 중국 어디 시골이라고만 들어서, 삼촌에게 해 줄 말이 없었다.

"그래서 저도 돈 벌고 싶어요. 엄마도 빨리 집에 오게 하고, 아버지도 너무 힘들게 일하니까요."

"어린 것이 무슨 돈을 벌어? 뭘 할 수 있다고? 공부나 열심히 해."

"이야기 팔면 되잖아요. 이야기는 막 힘쓰고 하는, 어른들만 할 수 있는 거 아니잖아요."

벌건 국물을 입으로 가져가던 삼촌의 손이 멈췄다.

"무슨 소리를 하는 거야!"

삼촌이 화가 난 듯 인상을 쓰다가, 눈을 반짝였다.

"너, 정말 돈 벌고 싶으냐?"

용주는 어린아이라고 얕볼까 싶어 입을 꾹 다물고 고개를 끄덕였다.

"허허, 아니다. 내가 조카한테 무슨 짓을 하는 거야."

"요새 어떤 이야기가 비싸요?"

용주는 눈에 힘을 주고 삼촌에게 물었다. 삼촌이 팔짱을 끼고 콧바람을 픽 내뿜으며 용주를 쏘아보았다. 용주는 조금 무서웠지만 삼촌의 눈을 피하지 않았다.

"요즘 제일 비싼 이야기는 말이야······."

용주는 삼촌의 입을 보며 침을 꿀꺽 삼켰다. 삼촌이 목소리를 잔뜩 낮추어 말했다.

"임시정부 이야기지."

"임시, 정부요?"

용주가 눈을 끔벅였다. 생각지도 못한 거였다.

"임시정부에서 어떤 사람들이 무슨 일을 하는지 궁금해

하는 사람들이 아주 많거든. 조선에서도, 상해에서도, 일본에서도 말이지."

용주는 고개를 끄덕였다. 맞는 말이다. 아버지가 고향 소식을 그리워하는 것처럼, 조선에 있는 사람들도 중국에 있는 동포들 소식이 궁금할 것이다.

"하지만 누구나 다 아는 얘기라면 누가 사겠어? 혹시 아는 얘기 있니?"

삼촌이 용주 눈을 뚫어져라 보며 물었다. 용주는 눈을 끔벅이며 임시정부 이야기를 생각해 보았다. 일본에 나라를 빼앗긴 후, 중국에 임시로 대한민국 정부를 만들어 독립운동을 한다고 했다. 할아버지 같은 분도 있고, 아버지 또래인 어른들도 있었다. 한인들은 평상시에는 임시정부를 '임정'이라고 줄여 불렀다. 독립운동을 한다고 했지만 용주는 잘 몰랐다.

고개를 젓는 용주를 보며 삼촌은 실망하는 표정을 지었다. 용주를 비웃는 것 같기도 했다.

"참. 어제 거기 갔는데······."

"어제?"

용주와 삼촌의 눈이 마주쳤다.

"어떤 군인이 계단을 뛰어다녔어요."

"군인?"

삼촌이 다시 눈을 반짝였다.

"임시정부와 군인이라…… 사람들이 궁금해할 만한 이야기군."

"정말요?"

이번엔 용주의 목소리가 커지고 눈이 빛났다.

삼촌이 고개를 끄덕였다.

"그런데 좀 더 자세해야 팔 수 있겠지. 이름이라든가, 어떻게 생겼다든가, 무슨 일을 한다든가 그런 거 말이다."

용주는 그 군인을 떠올려 보았다. 잘 생각이 나지 않았다.

"한 가지 명심할 점은, 아무도 모르게 그 이야기를 수집해야 한다는 거다. 왜인지는 짐작이 가지? 너도 나도 팔려고 하면 똥값이 될 테니 말이다."

4
갑작스러운 폭격

"방공호가 어디에 있는지, 크기는 어떤지, 어디가 폐쇄됐는지 아닌지는 파악들 하고 있지?"

"네에!"

며칠째 임정 어른은 방공호 얘기로 수업을 마쳤다. 한 달 이상 폭격이 없었지만, 임정 어른은 절대 안심하면 안 된다고 말했다.

아침에 뿌옇던 하늘이 점차 맑아지는 것도 걱정이긴 했다. 날씨가 맑은 날이면 일본 비행기들이 와서 폭격할 가능성이 많았다. 그래서 충칭 사람들은 하늘이 파랗게 맑은 날보다, 춥고 우중충한 날씨를 좋아했다. 공습은 충칭 시내에 주로 이루어졌지만, 강 건너 이곳 토교에도 공습 경보가 울리고 폭탄이 떨어질 때도 있었다.

"용주야, 우리 집 가서 놀자."

호섭이가 용주의 팔을 당겼다. 용주는 고개를 저었다. 호섭이는 토교촌에 사는 한인 아이들 중 용주와 제일 친했다.

"왜?"

"어디 갈 데가 있어서."

"어디? 야, 너 혼자 재밌는 일 찾았어?"

용주는 잠깐 고민이 되었다. 호섭이에게 말하고 같이 돈을 벌까 하는 생각이 들었다. 하지만 겨우 하나 생각난 이야기를 똥값으로 만들어 버릴 순 없었다.

"나중에 말해 줄게."

용주는 호섭이를 뿌리치고 정류장으로 달려갔다. 연화지 임시정부 청사로 가서 그 군인이 아직도 거기 있는지 알아내야 했다.

버스를 타고 가면서 용주는 가슴이 떨리는 걸 느꼈다. 자신이 무슨 비밀을 캐러 가는 사람 같았다. 하지만 사람들이 궁금해하는 이야기를 찾을 뿐이다. 그냥 그 군인의 이름만 알면 된다. 그러면 삼촌이 그 값을 줄 거다.

버스에서 내려 임시정부 청사로 걸어갔다. 길거리에는 사람들이 많았다. 아이들은 이리저리 뛰어다니며 놀았다. 그 주위로 엄마나 아빠로 보이는 어른들이 보였다. 리어카에 이런 저런 물건을 싣고 다니며 장사하는 사람들이 많았고, 차들도 쌩쌩 달렸다. 추워서 빨리 청사로 가야 하는데 용주의 걸음은 빨라지지 않았다.

　'그냥 집으로 갈까? 그때 버릇없이 굴었는데…….'

　용주는 임시정부 청사 계단에서 만난 군인을 떠올리며 고개를 푹 숙였다.

　에엥에에- 에에에에- 에엥에-

 갑자기 사이렌 소리가 울렸다. 사이렌 소리는 점점 커지다 작아졌다가 다시 커졌다.
 "공습이다!"
 사람들이 소리를 지르며, 우왕좌왕 어디론가 달리기 시작했다. 아이를 허리춤에 매달다시피 안고 냅다 뛰는 어른도 있었다. 거리를 달리던 차들이 멈추고 차에서 사람들이 튀어나왔다.

"얘, 뭐하니? 얼른 방공호로 가야지!"

엉거주춤 서 있는 용주의 등을 탁 때리며 사람들이 뛰어갔다. 용주는 순간, 어디로 가야 할지 알 수 없었다. 방공호가 연화지 어디에 있는지 잘 알아두지 않은 탓이었다. 전투기 소리가 점점 크게 들렸다. 일단 사람들이 많이 뛰어가는 곳으로 용주도 무작정 뛰었다. 방공호가 보였다.

방공호 입구에서 사람들이 서로 밀치며 들어가려고 안간힘을 써댔다. 폭격 때마다 보는 아수라장이었다. 용주도 어떻게든 그 빈틈으로 들어가려고 사람들 사이로 발을 쑥 집어넣었다.

"으, 조금만 조금만 비켜주세요."

"조금씩 더 안으로, 옆으로 당겨 봐요!"

안으로 더 들어가려는 사람은 있어도, 나가라고 밀어내는 사람은 없었다. 들어가지 못하면 폭격에 맞는다는 걸 다들 알았다.

"후아, 후아……."

용주도 어른들 사이에 몸이 꽉 끼여 앉지도 못하고 가쁜 숨을 몰아쉬었다.

쿵! 쾅! 쿵! 쿠르릉 쾅!

폭격이 시작되었다. 사람들은 몸을 움츠린 채 오들오들 떨었다. 폭격은 멈출 듯하다가 다시 시작되고, 또 멈출 듯하면서 멈추지 않았다.

새도 넘기 힘들다는 높은 산과 장강, 자링강✦ 사이에 있는 충칭은 섬 같은 곳이라고 했다. 이런 지형 때문에 중국은 전쟁 중에 충칭을 임시 수도로 정했다고 했다. 그런데 일본군은 산과 강을 건너지 못하는 대신, 하늘을 날아와 충칭과 그 주변을 공격했다. 대한민국 임시정부가 충칭에 있는 것도 일본 전투기가 충칭을 공격하는 큰 이유라고 들었다.

"애야, 애! 정신 차려!"

"아이고, 어떡해. 애들 다 죽겠네."

"안 되겠어. 밖으로 데리고 나가야겠어."

"폭격이 멈추지 않았잖아요."

"이대로 두면 죽어요! 바깥바람이라도 쐬야지!"

용주의 몸이 붕 떠올랐다. 아까 본 아이처럼 엄마에게 안긴 것 같았다.

✦ 장강에서 갈려 나온 물줄기.

용주는 천천히 눈을 떴다. 숨이 막혀 죽을 것 같았는데, 숨을 쉬고 있었다. 끔벅거리는 눈꺼풀 사이로 사진이 걸린 벽이 보였다. 고개를 조금 움직였다. 책상이 보였다. 방공호가 아니었다. 몸을 일으켜 보니 침대였다.

'어디지?'

밖에서 어른들 말소리가 들렸다.

"지금 조영한 동지가 시안에서 전보를 보내왔습니다. 비상 연락해서 다 모이게 해야겠어요. 자네도 오늘 참석하게."

말소리가 들렸다 안 들렸다 했다. 용주는 눈을 치켜뜨며 귀를 쫑긋 세웠다. 아버지 이름이 들린 것 같아서였다. 그런데 아버지 이름에 동지가 붙었다. 시안이라고 했다. 용주는 고개를 저었다. 아버지와 엄마가 있는 농장은 시안이 아니었다. 잘못 들은 것 같았다.

용주는 침대에서 내려왔다. 머리가 살짝 어지러웠다. 방문이 조금 열려 있어서 틈새로 소리가 나는 방을 보았다. 넓은 책상과 의자가 여러 개 있는 방이었다. 책상 위에는 책도 있고 공책도 있고, 신문도 펼쳐져 있었다.

'아, 그 계단 아저씨다.'

계단에서 만났던 군인 아저씨, 지난 행사 때 연설했던 김구 주석 어르신과 몇몇 사람들이 보였다.

"잠깐 숙소에서 가지고 올 게 있어서 다녀오겠습니다."

계단 아저씨가 책상에 있던 책 몇 권을 가방에 담았다. 그러고는 가방을 책상 아래에 놓고 밖으로 나갔다. 주석 어르신과 다른 사람들도 바깥으로 나갔다.

용주가 방문을 밀고 나와 아저씨가 있던 방으로 들어갔다. 책상에 남은 물건에는 이름이 보이지 않았다. 용주는 계단 아저씨의 가방 앞에 섰다.

'이름만 알면 돼.'

'남의 물건을 만지면 안 돼.'

'훔치는 거 아니고, 이름만 볼 거야.'

용주는 가방을 노려보며 긴장했다.

김구 주석 어르신이 들어왔다.

"아, 용주야. 깨어났구나. 많이 놀랐지? 몸은 괜찮은 게냐?"

주석 어르신이 두 팔을 벌리며 용주에게 다가왔다. 용주는 주석 어르신을 똑바로 보지 못했다.

"살려 주셔서 고맙습니다. 안녕히 계세요."

얼른 고개를 숙여 인사하고 밖으로 나가버렸다.

"녀석도 참. 조심해서 가거라. 인사 받을 사람은 따로 있는데……."

등 뒤로 주석 어르신의 목소리가 다정하게 들렸다. 용주는 주석 어르신이 자기 이름을 기억하는 게 신기했다.

5
삼촌을 조심하라고?

"임정 사무실 다녀왔지? 알아봤어? 그 군인 이름이 뭐였어?"

삼촌이 집 앞에서 용주를 기다리고 있었다.

"오늘 시내에 폭격이 있어서……."

"그랬지."

삼촌은 괜찮냐고 묻지도 않고 용주의 입만 바라보았다.

"이름은 모르고…… 그 군인이 진짜 사무실에 있었어요."

용주는 돈을 받을 가치가 있는 이야기라고 우기듯 말했다. 그러자 삼촌이 주머니에서 돈을 꺼냈다. 종이돈 한 장이 용주의 손에 쥐어졌다. 용주의 눈이 둥그렇게 커졌다. 이 돈이면 시장에서 맛있는 음식을 마음껏 사먹을 수 있었다. 삼촌이 용주의 얼굴 가까이에 대고 말했다.

"내일은 꼭 이름을 알아 와. 알았지? 요즘 군인들 이야기가 좀 비싸졌단 말이야. 참, 김구 선생은 못 봤니? 김구 선생이 진짜 비싼데 말이야."

"같이 있었어요."

"그렇지. 늘 있으면서도 없는 사람이지. 귀신같이 피해 다니지."

삼촌은 아까운 먹이를 놓친 것처럼 입을 다셨다.

다음 날 아침 학교에 가려니, 책보가 보이지 않았다.

용주는 어제 하루를 되짚어 보았다. 책보가 방공호나 임정 사무실에 있을 것 같았다.

잘됐다. 임정 사무실에 갈 핑계가 생겼다. 삼촌 말대로 꼭 그 군인의 이름을 알아야겠다고 생각했다. 이름을 알아 오면 어제 번 돈보다 더 많이 받을 수 있을 거다.

집을 나서다가 호섭이를 만났다.

"책보는 어디다 팔아먹었냐?"

호섭이가 용주를 살피며 물었다.

"시내 갔다가, 방공호에 떨어뜨렸나 봐."

"시내? 왜?"

용주는 검지로 이마를 꾹꾹 누르며 고개를 저었다. 용주의 머릿속은 임정 사무실에 가서 어떻게 그 군인의 이름을 알아낼까, 그 생각뿐이었다.

호섭이가 용주의 팔을 잡았다.

"왜 그래?"

"뭘?"

"머리 위에 무거운 돌덩이를 얹고 있는 얼굴이잖아. 며칠 전에는 삼촌 왔다고 그렇게 좋아하더니."

용주는 호섭이 얼굴을 멍하니 보았다. 호섭이가 꼭 점쟁이같았다.

"참, 너희 삼촌 말야……."

호섭이가 목소리를 낮추며 뒤를 돌아보았다.

"우리 삼촌이 뭐?"

"엄마랑 부인회 어른들이 말하는 걸 들었는데, 조심하라고 하는 것 같았어."

"우리 삼촌을 조심하라고? 왜? 우리 삼촌 나쁜 사람 아니야. 나한테 얼마나 잘해 주는데. 이제 아빠도 된다고!"

용주는 호섭이의 손을 뿌리치고는 씩씩거리며 뛰어갔다. 호섭이 엄마는 임정 사무실과 부인회에서 일한다. 한인회 부인들과 우리나라 독립에 힘을 보태는 일을 한다고 했다.

용주는 정류장으로 뛰었다.

임정 청사로 가는 계단을 올라갈수록 가슴이 점점 더 빨리 뛰었다. 전처럼 계단에서 그 군인과 부딪힌다면 그때 이름을 물어봐도 좋을 것 같았다. 그런데 사무실 앞까지 갈 동안 용주는 아무 하고도 부딪히지 않았다. 사무실 문은 닫혀 있었다. 용주는 문틈에 귀를 대고 안에 사람이 있는지 귀를 기울였다.

"자네들 덕분에 내 정신이 번쩍 났지."

김구 어르신의 목소리다.

"임시정부와 광복군이 있었기 때문에 저와 동지들이 의지를 잃지 않았던 겁니다. 임시정부에서 일본에 선전포고도 하였으니, 이제 다 함께 힘을 합쳐 마지막 결전을 펼쳐야 할 것입니다."

젊은 남자의 목소리였다. 누구인지 짐작이 가지 않았다. 임시정부에서 독립을 위해 큰일을 준비하는 것 같았다.

"시안에서 조 동지가 협상을 하고 있으니, 곧 좋은 소식이 오겠지."

"충칭에 있는 한인들이 독립을 위해 많이 고생하고 있음을 알았습니다."

"충칭에 있는 이들뿐 아니라, 독립된 나라를 꿈꾸는 우리 백성들이 얼마나 대단하고 고마운가 말이야."

두 사람은 우리나라 백성들이 독립을 위해 고생한다는 말을 주고받았다. 용주의 고개가 힘없이 떨어졌다. 자기 부모님만 먹고 살기 위해 정신없이 사는 것 같았다. 조금만 더 잘 살았다면 부모님도 독립을 위해 일했을 거였다.

"점심 먹으러 가세."

용주는 놀라서 바로 옆방에 숨었다. 잠시 후에 김구 어르신과 또 한 사람이 사무실에서 나와 복도를 따라 걸었다. 아까 광복군 어쩌고 하면서 독립 얘기를 하던 사람은 계단에서 만났던 바로 그 군인 아저씨였다. 따라가서 이름이 뭐냐고 물어볼까 싶었다. 하지만 용기가 나지 않았다. 왜 그러냐고 물었을 때 돈을 벌기 위해서라고 답할 용기가 없었다.

용주는 혼자 다시 사무실로 갔다. 사무실 문은 잠겨 있지 않았다.

계단 아저씨 것으로 보이는 가방이 의자에 놓여 있었다. 용주가 가방을 여는데 손이 떨렸다. 빨리 이름만 알아내 뛰쳐나가고 싶었다. 가방 속에 책이 보였다. 옷, 수건도 들어 있었다. 옷을 꺼냈다.

툭.

옷에서 무언가 바닥으로 떨어졌다. 공책이었다. 용주는 공책을 들어올렸다.

"있다!"

공책 겉장, 아래쪽에 이름이 적혀 있었다.

"장, 준, 하."

왠지 이름이 군인 아저씨와 어울린단 생각이 들었다. 용주는 무심코 이름이 적힌 겉장을 넘겼다.

> 나는 일본군 학도병이다. 하지만 일본군이 되어 싸울 수는 없다. 일본군 부대에서 탈출해야 한다. 준비는 다 되었다. 내 바람은 오직 하나…….

용주는 마른 침을 삼켰다. 일본군 학도병이라니. 탈출이라니. 용주는 남의 글을 훔쳐본다는 생각을 할 겨를도 없이 또 한 장을 넘겼다. 날짜가 적힌 걸로 봐서 일기 같기도 했다.

1944년 7월
일본군은 승전 축하 파티를 하고 있었다. 온 부대가 먹고 마시며 흥청거리는 밤…….

　글자를 읽어 내려 갈수록, 글자들이 꿈틀거리며 공책에서 튀어나오려 했다. 용주는 자기도 모르게 손으로 글자들을 눌렀다. 그럴수록 글자들은 손가락 사이로 빠져나오며
용주의 눈앞에서
흔들거렸다.

티를 하고 있었다는
우 부대가
먹고 마시고 훔쳐
하 생 야 거리낌 없이

막사와 추위가씨은…

6
몰래 본 일기장

　글자들은 꿈틀거리며, 공책을 점점 더 넓은 세상으로 만들었다. 순식간에 하늘과 산과 커다란 막사가 생겨났다. 사람들이 움직였다. 군인들이었다. 마치 활동사진✦처럼 보였다. 용주는 어리둥절했지만 눈을 크게 떴다. 활동사진에 어둠이 찾아왔다.

✦ '영화'를 일컫는 옛말. '움직이는 사진'이라는 뜻에서 붙은 이름이다.

막사와 주위 가로등에 불이 켜졌다. 막사 안에서 호령 소리가 들렸다.

"오늘은 우리 대일본제국이 중국을 침략한 지 7주년이 되는 날이다. 마음껏 먹고 마셔라. 그 대신 내일이 되면 다시 전투 준비를 한다. 알았나!"

"하이!"

군인들은 너나 할 것 없이 술을 먹고 서로 장난치며 웃고 떠들었다. 그런데 한 사람만 웃지 않았다. 같은 군복을 입었지만, 눈을 내리깐 채 주위를 날카롭게 살폈다.

용주는 그 군인의 얼굴을 자세히 들여다보았다.

"아! 계단 아저씨다. 장준하 아저씨!"

용주가 놀라서 소리쳤지만 아무도 못 듣는 듯했다.

"자, 오늘 점호는 없다. 다들 10분 내로 목욕을 마치고 잠자리에 들도록!"

대장은 술기운이 가득한 목소리에 억지로 힘을 실어 말했다. 와, 함성을 지르던 군인들은 비틀거리며 막사를 나와 목욕실로 들어갔다.

장준하 아저씨도 목욕통을 들고 바깥으로 나왔다. 아저씨는 걸음을 옮기면서 주위를 살폈다. 주위에는 아무도 없었다. 아저씨는 순간 옆 막사 뒤로 재빠르게 몸을 숨겼다. 그러고는 천으로 둘둘 말린 책보 같은 꾸러미를 허리에 묶었다. 다시 한 번 주위를 살핀 아저씨는 바닥에 엎드려 기기 시작했다. 어렴풋이 비치는 불빛을 피해 온몸을 밀며 앞으로 나아갔다.

　용주는 가슴이 쿵쿵 뛰었다. 공책 앞부분에서 읽었던 '탈출'이란 말이 떠올랐다. 용주는 일본군이 쫓아오지 않을까 조마조마했다.

　아저씨가 다다른 곳은 철조망이었다. 아저씨는 철조망을 붙잡고 발을 올렸다. 철조망 가시가 손과 온몸을 찌르는지 아저씨는 움찔거렸다. 그래도 손을 놓지 않았다. 아저씨는 철조망 꼭대기에 매달린 채, 어둠 속에서 자신이 뛰어내릴 곳을 살폈다. 보일 리 없었다. 한두 번 철조망을 흔들며 몸을 기울이다가, 풀쩍 뛰어내렸다. 잠깐 동안 아저씨는 일어나지 못하고 끙끙거렸다.

용주는 자신의 몸이 흙바닥에 박힌 것처럼 아팠다. 용주는 두 팔을 벌려 아저씨를 안아 일으키고 싶었다.

겨우 몸을 일으킨 아저씨는 뛰기 시작했다. 이미 정해 놓은 길이 있는지 앞뒤 잴 것도 없이 뛰었다. 고구마밭 고랑이 나오

자 고구마 줄기를 뚝뚝 밟으며 앞으로 내달렸다. 달빛에 저만치 커다란 느티나무가 보였다. 아저씨는 멈춰 서서 느티나무 아래를 살폈다.

움직이는 기척이 있었다.

"동지들!"

아저씨가 달려갔다. 느티나무 아래 있던 군인 셋과 장준하 아저씨가 얼싸안고 흐느꼈다.

"성공이야."

군인 셋도 막 철조망을 넘어온 듯했다.

"저 산을 넘어야 해."

아저씨가 캄캄한 하늘 저 너머를 가리켰다. 한두 개 빛나는 별 아래 어디쯤 산이 있는 것 같았다. 네 사람은 잠시 숨을 고른 뒤, 산 쪽으로 뛰었다. 어둠 속에서 산을 오르는 네 사람의 머리 위로 새벽이 점점 다가왔다.

"빨리 몸을 숨겨야 해."

"돌산이라 어디 숨을 데도 없어. 저 산도 넘어야 하고."

산을 내려갔는데 또 앞을 가로막은 산이 보였다. 네 사람은 또 달렸다. 돌부리에 걸리고 나무뿌리에 걸려 자빠졌다. 다시 일어나 한참을 달려가자, 이번엔 강이 나타났다.

장준하 아저씨는 강 앞에서 멈칫했다. 물을 무서워하는 것 같았다. 주춤거리는 아저씨를 다른 군인 셋이 잡아 주었다. 서로 끌고 당기며 강을 건넜다. 네 사람은 한몸, 한마음이 된 듯했다.

수수밭을 건너고 조밭을 뛰고, 고구마밭을 뛰어다니던 네 사

람은 금방이라도 쓰러질 것 같았다. 한여름의 뜨거운 태양빛이 쏟아져 내렸다.

용주는 고구마를 캐서 네 사람에게 주고 싶었다. 여름 한낮에 달리다 보면 얼마나 숨이 차고 목이 마른지 용주도 알고 있었다.

"여기……."

한 사람이 손짓으로 고구마밭을 가리키며, 힘이 다 빠진 목소리로 중얼거렸다.

"중국인들에게 피해를 주고 싶지 않지만, 이미 우리는 피해를 주었고…… 나중에 신세를 갚으면 되지 않겠나 싶은 데…….”

장준하 아저씨의 눈에서 눈물이 흘렀다. 다른 아저씨들도 고개를 끄덕였다. 네 사람은 힘이 다 빠진 손으로 고구마밭을 긁었다. 겨우 파낸 고구마를 갉아먹으며 네 사람은 조금 더 움직이다가, 조밭 사이로 기어들어 잠이 들었다. 얼마나 힘들었는지, 한참 동안 일어날 줄을 몰랐다.

빵빵–

어디선가 자동차 경적이 울렸다.

퍼뜩, 용주는 정신을 차리고 두리번거렸다. 밖에서 나는 차 소리였다. 다행히 아무도 청사 안으로 들어오지 않았다. 용주는 들고 있던 공책을 보았다. 가방에 넣어야 하는데, 다음 이야기가 궁금해서 제자리에 넣을 수가 없었다. 용주는 문 쪽을 살피며 공책을 휘리릭 넘겼다. 마음이 급해서 글자를 재빠르게 읽어나갔다. 장준하 아저씨가 나중에 기억을 더듬어 쓴 것 같았다.

그러기를 며칠, 기어이 우리 동지들 앞에 총구가 나타났다. 머리 위로 날아가는 총탄에 우리는 이제 삶과 죽음의 심판이 다가왔구나 생각했다.
　'삶도 죽음도 떳떳하게 맞으리라.'
　우리는 눈을 들어 그 총을 가진 사람들을 보았다. 뜻밖에도 그들은 중국군이었고, 우리를 삶으로 이끌어 주었다. 우리의 탈출은 성공했다. 성공과 함께 얻은 선물도 있었다.
　바로 일본군에서 탈출한 또 다른 조선인 학도병을 만난 거였다.

우리 다섯의 꿈은 하나였다.
"충칭으로 가자. 임시정부로 가자."
불로하 강변에서, 우리는 뜨겁게 애국가를 불렀다.

동해물과 백두산이 마르고 닳도록
하느님이 보우하사 우리나라 만세

우리는 다시 길을 떠났다. 이 여정에서 우리는 중국군관학교 안에 있는 한국광복군 훈련반에 들어가게 되었다. 얼마나 감격스러운 일인가. 일본군에 강제로 징집되었다가 탈출하여, 우리나라 광복군 훈련반이 된 것이다. 당장이라도 광복군이 되어 일본군을 무찌를수 있을 것만 같았다. 3개월간 받았던 훈련을 끝낸 후, 마침내 충칭으로 가기로 했다. 하지만 배를 타고 강을 따라 갈 수도 없고, 비행기로 갈 수도 없었다. 우리는 구두끈을 잡아맸다. 제비도 날아서 넘기 힘들다는 파촉령을, 걸어서 넘어가기로 했다. 우리가 할 일은 임시정부의 지시를 받아, 독립을 위해 힘쓰는 일이니까.

파촉령은 사람의 발길이 전혀 닿지 않은 원시 시대부터 있던 숲 같았다. 나무가 우거진 데다 험준한 바위가 계속되었다. 이 바위산은 깊은 계곡과 절벽에 막히기도 했다. 우리는 몸을 서로 밧줄로 잡아매고 기어 올라갔다. 말과 자동차로 진군하는 일본군은 절대 넘을 수 없는 곳이었다. 중국 정부가 파촉령 너머 충칭에 임시 수도를 정한 이유였다.

산길을 넘고 넘기를 며칠, 정말 이 산을 넘기나 할 수 있을까. 우리는 점점 지쳐갔다. 혹한의 한파 속에 사지가 얼어붙었다. 칼바람 속에서 나뭇가지를 엮어 밤을 새웠다. 이대로 잠들면 그대로 죽을 것 같았다. 우리는 서로의 몸을 녹여 가며 다짐했다.

다시는, 우리는 절대! 우리는 절대……

아래층에서 김구 어르신의 목소리가 들렸다. 용주는 공책을 얼른 가방에 넣었다. 그러곤 밖으로 나가서 사무실 밖에 섰다. 잠시 후에 어르신이 사무실로 왔다.

"용주 아니냐? 언제 왔니?"

"좀 전에요. 저, 어제 책보를 두고 간 것 같아서요."

"그러니? 찾아보거라."

용주는 어제 누웠던 침대와 방바닥을 살펴보았지만 책보는 없었다.

"없니?"

"네."

용주는 시무룩하게 대답했다.

"책은 내가 구해 보마. 집에 가 있거라."

"아니에요. 괜찮아요. 어르신은 큰일 하시느라 바쁘시잖아요."

"독립운동만큼이나, 너희들 교육도 중요하단다. 열심히 배우거라."

용주는 어르신께 꾸벅 인사하고 사무실을 나왔다.

7

탈출한 학도병

"왜 이렇게 늦게 와? 임정 청사 다녀왔어?"
어제와 똑같이 삼촌이 기다렸다.
"책보 찾아야 하는데……."
"그 군인 만났어?"
삼촌은 내 얘기엔 관심이 없었다. 괜히 심통이 났다.
"그 군인, 없었어요."
"뭐?"
삼촌이 눈을 부라렸고, 용주의 눈썹이 파르르 떨렸다.
"지, 진짜예요. 군인들 다 떠났대요."
용주는 삼촌 눈을 피하며 말했다.

"군인들이 충칭에 있는 건 나도 아는 사실이야."

"네? 다 알면서 왜……."

"내가 찾는 군인은 단 한 사람이야. 장준하."

삼촌의 말을 듣는 순간, 용주의 어깨가 움찔했다. 목에 뭐가 걸린 듯 기침도 나왔다.

"왜, 왜요?"

"그야, 이야깃값이 아주 비싸니까. 내가 아기를 키울 수 있을 만큼. 네 엄마가 농장에서 돌아올 수 있을 만큼 돈을 많이 받을 수 있지."

용주의 입이 에, 하고 벌어졌다.

밤에 삼촌이 캄캄한 천장을 올려다보며 한숨을 푸욱 내쉬었다.

"아버지와 엄마가 많이 힘드신가 보더라. 시장에서 들으니, 엄마가 고생이 이만저만 아니라던데. 밭에서 그 많은 농작물을 맨몸으로 다 키우고 수확하려니. 쯧쯧……."

용주는 엄마 이야기에 눈물이 핑 돌았다. 엄마는 작년에도 농장에 다녀온 후 많이 아팠다.

"토교촌에서도 나가야 한다며?"

"네?"

용주는 모르는 일이었다. 토교촌은 한인들이 모여 사는 곳이었다. 중국식 집과 한인들이 새로 지은 집이 섞여 있었다. 어른들은 서로서로 도우며 살았고, 가끔 모여서 회의도 하곤 했다. 그런데 이곳을 나간다면 어디서 산단 말인지. 아버지는 그런 말을 하지도 않았다.

"너도 늘 어린애인 건 아니니, 집안일에 신경 좀 써야지. 여기 중국 애들은 학교도 안 다니고 돈을 번다더라."

용주는 어린애 티를 너무 낸 것 같아 부끄러워서 돌아누웠다.

"니가 만났다던 그 군인, 일본군 부대에서 탈출했다지?"

"그런가 봐요."

"진짜냐?"

용주가 무심코 한 말에 삼촌이 침대에서 벌떡 일어나며 소리쳤다.

"네?"

용주도 놀라서 일어났다. 달빛에 비친 삼촌의 눈빛이 무서웠다.

"니가 봤다던 그 군인 말이야. 탈출한 학도병이지? 장준하 아니었어?"

용주의 눈꺼풀이 파르르 떨렸다.

"모, 몰라요. 학도병이 뭐예요? 이름도 못 봤어요."

"방금 그런가 봐요, 라고 했잖냐."

"아니, 아까 중국 애들 얘기하는 줄 알고……."

삼촌의 등이 힘없이 구부러졌다. 용주는 온몸에서 땀이 솟아나는 것 같았다. 다시 벽을 보고 누워서 빨리 잠이 오길 기다렸다.

"탈출한 학도병 이야기를 사려는 사람이 있어. 우리는 그냥 이야기만 팔면 돼. 활동사진이나 책에서 보는 그런 이야기들은 누구나 좋아하잖아."

삼촌의 말을 들으니 그런 것도 같았다.

장준하 아저씨의 글을 읽을 때, 정말 같이 탈출하는 것처럼 마음이 조마조마했다. 활동사진을 보는 것도 같았다.

'독립을 위해 일본군을 탈출하고, 파촉령을 넘어오다니. 그러다 죽으면 어쩌려고? 다시는? 우리는 절대, 그 다음에 무슨 말이 적혀 있지?'

용주는 다 읽지 못한 장준하 아저씨의 글이 궁금했다.

삼촌은 계속 그 군인 이야기를 팔아야 한다고 중얼거렸다.

"군인들도 많은데 왜 장준하 아저씨 이야기만 산대요?"

용주는 그냥 지나가는 말처럼 심드렁하게 물었다.
"주동자였대. 가만히 있는 다른 군인들을 꾀어서 탈출했다더라."
"그럼 만나서 직접 이야기해 달라고 하면 되잖아요."
"내가?"
용주가 돌아누운 채 고개를 끄덕였다.
"이름만 들었지, 얼굴은 몰라. 사진도 한 장 없고. 에이, 어떻게 찾으라는 건지."

삼촌이 누군가에게 짜증을 냈다.

"그리고 난 임정 사무실이 싫어. 뭐, 되도 않는 독립을 한다고. 야, 독립이 되겠냐? 그냥 적당히 살면 될 것을."

삼촌은 주먹으로 침대를 쾅 내리치면서 말을 이었다.

"내 친구가 독립운동한답시고 까불다가 일본 경찰에 잡혀서 얼마나 고생한 줄 아니? 죽다 살아났지. 근데 걔가 말발이 좋거든. 이야기 좀 팔아서 겨우 풀려났대. 큭큭. 나도 걔한테 신세 진 게 있어서 이야기 좀 팔았지. 그렇게 돈 벌

어서 형님이 있는 중국에 왔더니만. 형님은 날 반겨 주지도 않고, 임정 인사들도 나한테 일거리 하나 주지 않고 자기들끼리만 속닥속닥……."

그래서 삼촌이 떠났던 거였다. 그런데 돌아온 삼촌은 또 이야기를 팔려고 했다. 우리나라 독립을 위해 싸우겠다고 일본군을 탈출한 학도병 장준하 이야기도 팔려고 했다.

'밀정.'

언젠가 호섭에게 들었던 '밀정'이란 말이 떠올랐다. 밀정 때문에 독립운동을 하던 많은 사람들이 잡혀가서 죽었다고 했다. 그래서 임시정부에서는 '밀정'이면 죽이라는 명령까지 내렸다고 했다. 호섭이 엄마가 삼촌을 조심하라고 했단 말도 생각났다.

'삼촌이 밀정이라고? 아빠가 될 삼촌이 돈을 벌기 위해 밀정 노릇을 한다고?'

용주는 눈을 꾹 감았다. 아니길 바랐지만 생각은 자꾸 삼촌이 밀정이라는 쪽으로 기울었다.

'임시정부 요인에게 잡히면 죽을 수도 있는 밀정.'

용주는 아침이 오도록 잠든 삼촌만 바라보았다.

8
호랑이 굴에 온 아저씨

"가방 사 줄 테니까, 오늘은 꼭 장준하가 있는지 알아보고 얼굴도 기억하고 와."

삼촌이 잠바에서 돈을 꺼내 보여 줬다. 종이돈 몇 장이 겹쳐져 있었다. 책가방을 사고, 맛있는 걸 사 먹고도 남을 돈이었다.

"이젠 임정 청사에 안 갈 거예요."

삼촌은 왜냐고 묻지 않고, 눈을 부릅뜨면서 돈을 더 꽉 쥐었다.

"3일 후에 시험이 있어요. 책은 호섭이랑 같이 보고 공부할 거예요."

"돈은 안 벌겠다?"

"벌고 싶지만, 시험이 더 중요하니까요."

시험은 없었다. 용주는 이제 더는 장준하 아저씨를 알아보지 않기로 다짐했다. 삼촌이 어떤 일을 하는지 알아버렸으니까. 만약 삼촌이 장준하 아저씨의 얼굴을 알게 되면 당장 그 이야기를 팔아 버릴 게 분명했다.

"그래, 아직 어린 너한텐 무리지. 내가 알아서 하마."

삼촌은 별일 아니라는 듯 말했다.

"참, 며칠 집에 다녀올 거야."

"집에요?"

"응. 삼촌 애기가 세상에 나올 때가 다 되어 가는데, 가서 보고 오려고."

삼촌의 얼굴이 순간 환하게 펴졌다.

용주는 삼촌이 다시 충칭에 오지 말고, 다른 일을 하며 아기랑 행복하게 살기를 바랐다.

"용주야."

삼촌이 없으니, 또 순애 엄마에게 신세를 져야 했다. 언제 집에 오셨는지 부엌에서 달그락거리는 소리가 났다.

"오늘은 배 안 고파요. 그냥 학교 갈게요."
"들어간다."
순애 엄마의 말과 동시에 방문이 열렸다.
그런데 보이는 사람은 계단 아저씨, 바로 장준하 아저씨였다. 용주는 너무 놀라 벌떡 일어났다. 있지도 않은 삼촌이 있나 두리번거릴 정도였다. 아저씨는 허리를 굽혀 천장이 낮은 방으로 들어왔다.

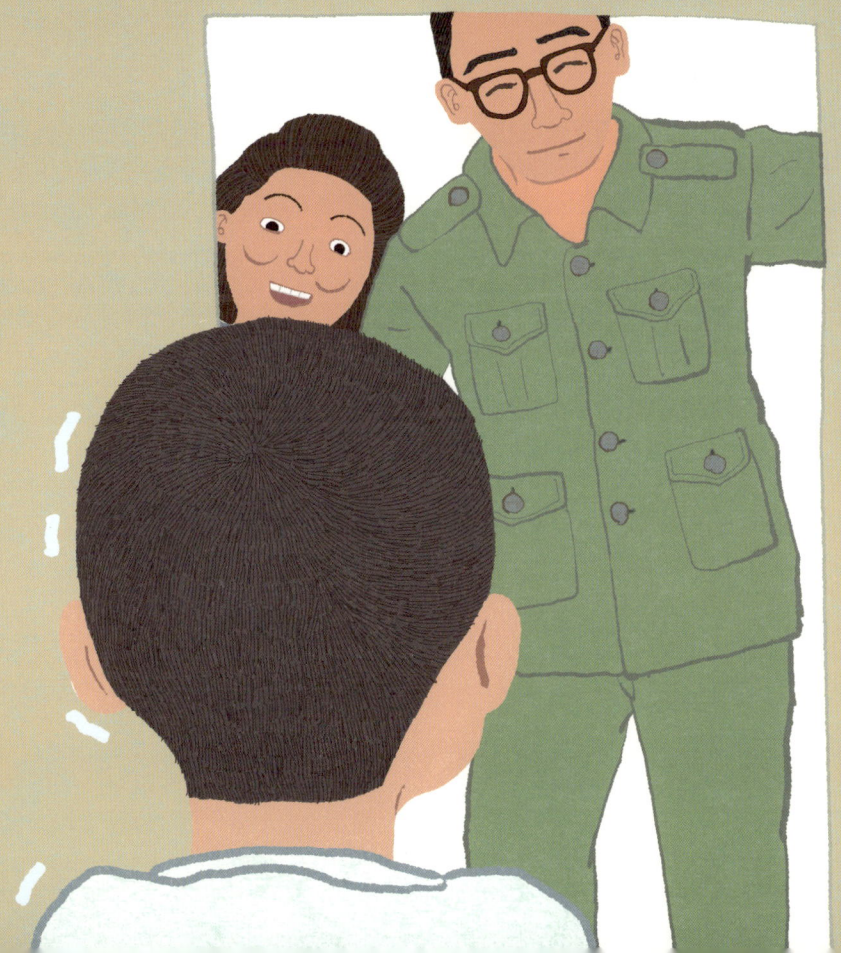

"왜, 우리 집에……."

아저씨는 말없이 방을 휘둘러보았다. 그러고는 용주를 앉히고 아저씨도 앉았다.

"이거."

아저씨가 책가방을 내밀었다. 새 책가방이었다.

"주석 어르신이 가져다주라고 하시더라. 그리고 며칠 동안 내가 여기서 지내기로 했다."

"네? 왜요?"

용주의 가슴이 쿵쿵 뛰었다. 삼촌이 내일이라도 당장 돌아올지 몰랐다.

"너희 아버지를 기다리는 김에, 너 혼자 있으니 같이 좀 지내려고 말이다."

"우리 아버지를 아세요?"

"알지. 아버지한테 받을 게 있거든."

아무래도 아버지가 이 아저씨에게 돈을 빌린 것 같았다. 그래도 여기 있으면 안 된다.

"저는 싫어요. 모르는 사람이랑 어떻게 같이 살아요?"

방문 밖에서 순애 엄마가 쿡쿡 웃었다.

"모르긴, 지난 공습 때 너 살려 주신 분이잖아."

"네?"

용주는 놀란 얼굴로 장준하 아저씨를 다시 보았다. 임정 사무실에서 깨어났을 때 보긴 했지만, 다른 임정 어른이 구해 준 줄 알았다.

"방공호에서는, 네가 계단에서 만났던 아이인 줄 몰랐다."

용주는 자세를 고쳐 앉았다.

"살려 주신 건 고마운데요. 여기서 살면 안 된단 말이에요."

용주의 말에 아저씨가 이상하다는 듯 고개를 갸웃했다.

"그러니까, 순애 엄마가 힘드실 텐데요. 밥이나 빨래를 순애 엄마가……"

용주는 순애 엄마가 안 된다고 말해 주길 간절히 바랐다.

"밥, 빨래는 너랑 내가 할 거다. 우리가 충분히 할 수 있잖니."

"우, 우리가요?"

순애 엄마가 장준하 아저씨에게 가볍게 인사하며 방문을 닫았다.

갑자기 숨이 막히는 것 같았다. 용주가 자기 가방을 뒤져 이름을 보고, 공책을 읽었던 걸 알면 아저씨가 얼마나 놀랄까. 게다가 삼촌이 아저씨 이야기를 팔려고 얼마나 눈을 번

득이고 있는데. 아저씨는 지금 호랑이 굴에 제 발로 찾아온 셈이었다. 용주는 밖으로 나가 다른 집들을 둘러보았다. 아저씨 같은 군인들이 다른 집에도 있나 살폈다. 그런 기척은 느껴지지 않았다.

용주는 학교에 다녀오는 길에 일부러 시장을 빙 둘러 왔다. 혹시나 삼촌이 왔을까 걱정되었다.
"우리 저녁 먹고, 화탄치 좀 뛰자."
화탄치는 토교촌을 끼고 돌아 나가는 개울이다. 물이 맑아서 토교촌 사람들이 먹고 쓸 물이 화탄치에서 나왔다. 용주는 밥 먹은 걸 뜀박질로 다 날려 버리기 싫었다. 뛸 기분도 아니었다. 그런데 싫다는 말도 아저씨에게는 소용없었다. 억지로 아저씨의 구령에 맞춰 달리기를 해야 했다.
"용주야, 일어나거라."
아침에도 아저씨는 용주를 불렀다. 용주는 이불을 끌어당기며 일어나지 않았다. 이불이 홱 젖혀졌다. 방 안의 찬 기운이 온몸을 훑었다. 용주가 게슴츠레 눈을 떴다.
'아이참, 왜 안 가는 거야? 정말 잡혀가고 싶은 거야?'
용주는 주먹으로 가슴을 치며 겨우 일어났다.

"학교 가기 전에 좀 뛰자."

"네?"

용주가 놀라서 벌떡 일어났다.

"아저씨. 정말 왜 이러세요? 빨리 가시라고요!"

용주는 있는 힘을 다해 소리를 질렀다.

"방공호 사건을 잊었니? 그날 나 아니었으면 네가 어떻게 되었겠니? 운동을 해서 몸을 튼튼히 키워야지."

"아, 알았어요. 그런데 지금 그게 중요한 게 아니에요. 삼촌이 온다고요!"

"삼촌? 너희 삼촌 말이냐. 아, 그럼 그땐 내가 다른 숙소로 가마."

"아니, 잡혀갈 수…… 헙."

용주는 두 손으로 입을 막았고, 아저씨는 잠시 용주를 보았다.

너무 태평한 아저씨 때문에 용주는 벌게진 얼굴로 방문을 탕 열었다. 그러고는 아저씨를 기다리지도 않고 화탄치로 뛰어갔다. 살얼음을 깨트려 세수를 하고 시장까지 뛰어갔다. 버스 정류장을 지나 다시 집까지 뛰었다. 금방이라도 쓰러질 것 같았지만, 집에 오자마자 가방을 들고 나왔다.

"밥 해서 먹고 학교 가야지."

아저씨가 용주를 막아섰다. 용주는 가방을 집어 던진 채 쌀을 씻고, 화덕에 불을 피웠다.

"잡혀가든가 말든가!"

한 번도 해 보지 않았지만, 어떻게든 불을 피우고 밥을 했다. 밥은 다 타 버렸다. 타 버린 밥을 두 그릇에 담아 상을 차렸다. 아저씨는 밥을 먹기 전에 두 손을 모아 기도를 했다. 교회 목사님 같았다. 지켜보던 용주는 아저씨가 밥을 먹건 말건, 얼른 찬물에 밥을 말아서 후루룩 훅 먹었다. 먹은 그릇을 씻어 엎어 놓고 가방을 다시 들었다.

"잘 다녀오거라."

용주는 대답도 않고 집을 나섰다.

학교 수업을 마친 후에도 용주는 화탄치로 갔다. 아저씨가 온 날부터, 용주는 아침저녁으로 화탄치를 뛰었다. 오늘은 아저씨가 연화지로 갔다. 연화지 임정 청사에 걸린 태극기를 봐야 마음이 편하다나. 아저씨가 집에서 안 나가면 다른 방법을 찾아야 했다.

9
부를 수 없는 이름

화탄치를 어슬렁거리다가 호섭이네 집에 들렀다.
"웬일이냐?"
삼촌을 조심하란 얘기를 들은 후로 용주는 호섭이와 놀지 않았다. 호섭이가 싫어서가 아니라, 놀다 보면 삼촌이 무슨 일을 하는지 말해 버릴 것 같아서였다.
"우리 집에 군인 온 거 알지?"
"알지. 광복군."
"광복군?"
"그래. 우리 임시정부의 군대 말이야. 몰랐냐?"
"알거든."

용주는 지기 싫어 받아쳤다. 김구 어르신과 장준하 아저씨가 서로 이야기를 주고받을 때 들었다. 아저씨의 공책에서도 본 말이었다.

"근데 그 군인이 왜?"

"하필 계단 아저씨가 왜 우리 집에 왔는지 모르겠어. 아버지한테 받을 게 있다는데, 그 전에 잡혀…… 잡혀갈지도 모른다고!"

이참에 용주는 호섭에게 다 말하기로 했다. 계속 생각만 하다가는 머리가 터져 버릴 것 같았다.

이야기를 다 들은 호섭이는 눈동자를 마구 굴렸다.

"그럼, 니네 삼촌이 진짜로 밀정이란 말이야?"

"쉿!"

집에는 아무도 없었지만 둘은 목소리를 낮췄다.

"정말 어떻게 해야 할지 모르겠어. 삼촌은 아기를 키우려면 돈이 있어야 한다고 그러고, 계단 아저씨는 가지도 않고……"

용주는 정말 울고 싶었다.

"그 아저씨 이름이 뭐라고?"

"장준하."

"이름도 많다. 계단 아저씨, 장준하, 광복군, 토교대."

"토교대?"

"그 군인들이 토교촌에서 훈련한다고 토교대라고 하거든. 아마 너희 삼촌도 군인들이 많아서, 누가 장준하인 줄 모를걸."

"그건 맞아. 사진도 없다고 했어. 그런데 삼촌이 와서 우리 집에서 만나면 어떡해?"

용주는 생각만 해도 등에서 소름이 올라왔다.

"군인이라고 다 장준하는 아니잖아."

"맞다!"

"그냥 토교대라고 해. 광복군이라고 하면 의심할지 모르잖아."

"아, 그럼 이름도 다른 이름으로 말할까? 참, 목사님 같기도 해. 매일 기도해."

"목사님?"

용주와 호섭이는 서로 마주보며 눈을 반짝였다. 장준하 아저씨의 이름을 대신할 다른 이름들이 생각나서 정말 다행이었다.

"너, 우리 삼촌이 밀정이라고 어른들한테 말하면 안 돼.

알았지? 우리 삼촌 죽으면 아기는 어떡해."

"알았어."

용주는 장준하 아저씨를 지킬 방법을 찾은 것 같아 마음이 가벼웠다. 맘 편히 시장 구경을 하고 집으로 가기로 했다. 삼촌이 준 돈이 있어서, 반찬을 사려 했다. 여기저기 구경하면서 사람들 사이를 지나가다 용주는 몸이 굳어 버렸다.

전에 삼촌에게 돈을 주고 무언가를 사 간 아저씨가 시장에 있었다. 혼자가 아니었다. 일본말과 조선말로 이야기를 주고받았다. 용주는 다리가 떨려 그대로 시장에서 나왔다. 저 사람이 나타났다는 건, 삼촌도 금방 이곳으로 온다는 신호 같았다. 용주는 한달음에 집으로 뛰어갔다.

다행히 장준하 아저씨는 집에 없었다.

침대 옆에는 용주가 몰래 공책을 꺼내 보았던 아저씨의 가방이 놓여 있었다. 가방만 봐도 아저씨가 적은 글자가 튀어 나올 것 같았다.

그렇게 고생해서 임시정부를 찾아왔는데, 여기서 붙잡히게 할 수는 없었다. 용주는 가방을 침대 밑으로 숨겼다.

밤이 되도록 길에서 장준하 아저씨를 기다렸다. 삼촌 이야기는 빼고, 제발 이곳을 떠나라고 빌 참이었다.

어둠 속에서 아저씨가 집으로 오는 게 보였다. 용주가 몇 발자국 앞으로 나섰다. 그런데 장준하 아저씨가 아니라 삼촌이었다.

"어? 사, 삼촌?"

"그래, 우리 조카 잘 지냈어?"

삼촌은 기분 좋은 목소리로 두 팔을 벌렸다.

"아, 아기는 태어났어요?"

"응, 딸이야. 얼마나 예쁜지 몰라. 어서 들어가자."

삼촌이 용주의 어깨에 팔을 둘렀다.

"용주야!"

뒤에서 누가 용주를 불렀다. 장준하 아저씨의 목소리였다. 등에 식은땀이 흘렀다. 삼촌이 바로 앞에서 '누구지?' 하는 표정으로 장준하 아저씨 쪽을 보았다.

'맞다. 삼촌은 아저씨 얼굴을 몰라.'

용주는 뒤돌아 소리쳤다.

"어, 김영식 아저씨! 안녕하세요? 김영식 아저씨, 저녁 드셨어요? 어…… 김영식 아저씨, 우리 삼촌이에요."

용주는 온 골목이 떠나가라 장준하 아저씨를 다른 이름으로 불렀다. 아저씨가 뒤에 또 다른 누가 있나 돌아보는 것

같았다. 아무도 없었다. 뒤이어 용주를 보고, 삼촌을 보았다.
"삼촌, 이 아저씨는 김영식 아저씨인데, 한인촌 교회에서 예배를 본대요. 모, 목사님 될……"
"아, 안녕하세요?"
삼촌이 먼저 인사를 하며 손을 내밀었다.
"아, 예. 안녕하세요."
장준하 아저씨도 손을 내밀었다. 그러고는 잠시 아무도 말하지 않았다. 찬바람이 불었다. 용주는 삼촌과 장준하 아저씨를 살피며 올려다보았다.
"용주야, 삼촌이 오셨으니 오늘은 내가 교회에서 잠을 자마. 내일 교회 오는 거 잊지 말고."
"네."
용주가 덥석 대답하자 장준하 아저씨가 돌아서 갔다. 삼촌이 아저씨 뒷모습을 한참 보다가 방으로 들어갔다.
"아까 그 사람은 왜 여기서 잔 게냐?"
"아, 그 아저씨는 한인 교회마다 다니는 예비 목사님인데요. 아버지한테 뭐, 받을 게 있대요. 돈을 빌려준 건가?"
'김영식'은 가끔 교회에 오는 예비 목사님 이름이었다. 그 순간에 이름이 떠올라서 얼마나 다행인지 몰랐다.

"머리가 짧은 게 군인 같은데…… 혹시, 임정 청사에 있던 군인들인가?"

"아니, 예비 목사님이라니까요."

용주는 뒤돌아 누워 버렸다. 삼촌은 눕지 않은 듯했다. 달빛이 창으로 들어왔다. 서늘한 기운에 용주는 이불을 끌어당겼다.

용주는 아침 일찍 일어났다. 삼촌도 잠을 깊이 못 자는 것 같았다.

"저 화탄치 좀 뛰고 올게요."

"응? 이 추운 새벽에?"

"네. 어제 만났던 김영식 아저씨가요, 지난 공습 때 정신 잃은 저를 살려 줬거든요. 근데 몸이 너무 약하다면서 매일 운동을 시켰어요. 제 생명의 은인이에요."

삼촌은 별말이 없었다. 용주는 잠시 머뭇거리다, 침대 아래에 밀어 둔 장준하 아저씨의 가방을 꺼냈다. 그러고는 아저씨의 공책을 꺼내 서랍 안에 옮겨 넣었다. 이대로 두면 삼촌이 볼 것이다. 지난번에도 삼촌은 서랍 속 사진첩을 살펴보고 그 사진 중 하나를 판 게 분명했다.

용주는 삼촌이 장준하 아저씨의 이야기를 직접 읽기를

바랐다. 아저씨와 동지들이 독립운동을 하기 위해 어떻게 목숨을 걸고 탈출해 충칭까지 왔는지 알기를 바랐다. 아저씨가 어떤 마음으로 여기까지 왔는지 안다면, 삼촌은 절대 이 이야기를, 장준하의 이야기를 팔지 않을 것이다. 용주가 아는 삼촌은 그럴 것이라고, 믿고 또 믿었다.

　서랍을 닫고, 용주는 밖으로 나갔다.

10
다시는, 우리는 절대!

용주가 운동을 마치고 집에 돌아왔을 때, 삼촌은 없었다.
서랍에 두었던 아저씨의 공책도 없었다. 용주의 심장이 쿵 내려앉았다. 삼촌은 분명히 장준하 아저씨의 이야기를 읽었을 것이다. 어제 만났던 김영식이 장준하인 것도 알았을 것이다.
'삼촌은 지금 어디로 갔을까.'
용주는 삼촌이 사진을 주고 돈을 받았던 날을 생각했다.
'아니야, 아닐 거야.'
아니라고 생각하면서도, 장준하 아저씨가 삼촌 때문에 일본 경찰에 잡혀가는 그림만 자꾸 그려졌다. 용주는 밖으로 뛰쳐나갔다. 교회로 뛰어갔다. 오늘은 일요일이라, 토교군들이 아이들에게 공부를 가르쳐 준다고 했다. 하지만 장준하 아저씨는 교회에 없었다.

'벌써 잡혀간 건 아니겠지? 내가 잘못한 건 아니겠지?'

용주는 호섭에게 뛰어갔다. 용주의 이야기를 들은 호섭이 소리쳤다.

"세 사람을 못 만나게 해야 돼!"

"세 사람?"

"너희 삼촌, 장준하 아저씨, 일본 경찰."

맞는 말이다.

"어떻게 하지? 일단 내가 삼촌과 일본 경찰을 못 만나게 해야겠다."

"그럼 나는 애들이랑, 교회에 아무도 못 들어오게 막을게. 장준하 아저씨한테 이름은 절대 말하지 말라고 해야겠지?"

용주와 호섭이가 맞잡은 두 손이 불안으로 떨렸다.

용주는 시장으로 뛰어가고, 호섭이는 교회로 갔다. 시장은 아침을 먹는 사람들로 바빴다. 삼촌과 일본 경찰을 찾느라, 용주의 두 눈이 바삐 움직였다. 예전에 두 사람을 본 장소로 가 보았다. 그곳엔 아무도 없었다.

  용주는 할 수 없이 교회로 돌아왔다. 용주가 호섭이에게 침울한 표정으로 고개를 저었다. 호섭이도 한숨을 폭 쉬더니 교회 문을 열었다. 토교대 선생님들과 아이들이 바닥에 앉아, 앞에 선 장준하 아저씨의 이야기를 듣고 있었다. 용주와 호섭이는 맨 뒷자리에 앉았다.

  "일제가 우리나라를 빼앗은 이후 우리나라는 독립을 위해 애써 왔지요. 특히 1919년 만세 운동 후 상해에 임시정부를 세웠고, 1932년 한인애국단 소속인 윤봉길 아저씨가 폭탄을 던졌고요. 일제 때문에 임시정부는 상해에 더 있지 못하고 중국의 여러 지방으로 옮겨 다니며 지금까지 독립운동을 해 왔지요. 이런 사실은 여러분들이 이미 배웠다고 들었습니다."

  장준하 아저씨가 아이들을 둘러보며 말했다. 아저씨는 아이들에게 존대하며 말했다.

  "우리는 배운 게 아닌데요."

  순애가 야무지게 말했다. 동시에 아이들은 물론이고 토교대 선생님들과 장준하 아저씨의 눈이 모두 순애에게 쏠렸다.

"우리는 직접 겪은 건데요. 우리 오빠는 상해에서 태어났고, 저는 항주에서 태어나 여기까지 왔어요. 저 아이는 남경에서 태어났고, 저 꼬마는 장사에서 태어났고…… 우리 부모님들은 임시정부가 옮겨 다닐 때마다 서로 힘을 합쳐 도와주며 이곳까지 왔는데요."

아이들이 "맞아, 맞아." 하며 고개를 끄덕였다.

"그렇군요. 힘든 시기를 다 같이 겪어 왔군요."

"하지만 이젠 옮겨 다니지 말고 우리나라로 갔으면 좋겠어요."

순애의 말에 토교대 선생님들과 장준하 아저씨는 마주 보며 고개를 끄덕였다.

"조상들의 잘못으로 나라를 잃고, 중국 땅을 떠돌아야 하는 여러분의 얼굴을 볼 낯이 없습니다. 나와 동지들이 죽을 고비를 넘기며 목숨을 걸고, 일본군 부대를 탈출해 파촉령을 넘어 임시정부에 찾아온 이유는 단 하나입니다. 다시는, 우리는 절대!"

장준하 아저씨가 말을 멈추고 아이들을 죽 훑어보았다. 아저씨의 공책에 적혀 있던 그 말을 하려는 듯했다. 용주는 뚫어져라 아저씨의 입을 보았다.

"우리는 절대! 못난 조상이 되지 않으리라는 결심 때문입니다. 그래서 나는, 우리는 꼭 우리나라를 되찾을 것입니다. 여러분들이 하루 빨리 우리나라로 돌아갈 수 있게 할 것입니다."

장준하 아저씨는 용주와 아이들의 눈을 하나하나 맞추며 말했다. 용주가 미처 읽지 못했던 아저씨의 글은 바로 '못난 조상이 되지 않겠다.'였다.

"아저씨는 못난 조상 아니에요."

"맞아요. 못난 조상 아니에요."

아이들이 장준하 아저씨와 다른 토교대 선생님들을 보며 합창하듯 말했다. 장준하 아저씨가 입을 꾹 다물고 다시 한 번 고개를 끄덕였다. 아저씨는 또 다짐하는 것 같았다.

"그런데 아저씨 이름은 뭐예요? 꼭 기억하려고요."

순애가 물었다.

"내 이름?"

장준하 아저씨가 대답하려는 순간, 호섭이가 두 팔을 들어 연신 가위 표시를 해 댔다. 뒤쪽을 자꾸 보면서. 모두 호섭이가 눈짓하는 문 쪽을 보았다. 용주가 벌떡 일어났다. 언제부터인지 삼촌이 서 있었다.

"내 이름은 장준하입니다."

아저씨가 이름을 말하자마자 삼촌은 얼른 문을 밀고 나갔다.

"삼촌!"

용주가 삼촌을 부르며 쫓아갔다.

삼촌은 순식간에 어딘가로 몸을 숨겨 버렸다.

"얘들아! 이 아저씨 이름은 이제 김영식이야! 알았지?"

용주는 아이들에게 소리치고 삼촌을 찾아 뛰었다. 집과 집 사이, 골목과 골목을 뛰어다녀도 삼촌은 보이지 않았다. 힘없이 집으로 오던 용주는 시장으로 또 갔다. 전에도 삼촌이 이야기를 팔려고 갔던 곳이니, 한 번 더 가보기로 했다. 역시 없었다.

돌아서 나오는데 다른 골목에 누군가 있는 것 같았다. 용주는 조심스럽게 그쪽으로 발을 옮겼다. 삼촌은 하늘을 보며 한숨을 푸욱 푸욱 내쉬었다.

"삼촌!"

"어!"

삼촌이 놀라서 굳은 얼굴로 쳐다보았다. 용주의 눈에서 눈물이 왈칵 솟았다. 이러지 않을 거라고 믿었는데, 삼촌은 지금 일본 경찰을 만나러 온 것이다.

"삼촌, 그러지 마아!"

용주가 삼촌의 배를 마구 때렸다.

"왜 이래. 저리 가. 빨리 집에 가. 용주야, 고마워. 우리 아이…… 그러니까 네 사촌동생, 이제 굶기지 않고 키울 수 있을 거야."

"삼촌은 정말 못난 조상이 되려고 그래?"

"아니, 난 절대 못난 아빠가 되고 싶지 않아. 그래서……."

"그래서 장준하 이야기를 팔고, 독립운동가들을 팔아서, 아기가 굶지 않고 자라면…… 아기도 자기 나라 없이 떠돌며 살기를 바라는 거야?"

용주가 두 눈을 부릅떴지만 목소리는 떨렸다.

"장준하 아저씨는 못난 조상이 되고 싶지 않아서 탈출하고, 충칭까지 왔다잖아. 후손들에게 독립된 나라를 물려주고 싶다잖아. 나도 빨리 독립이 돼서 우리나라로 가고 싶단 말야. 아기도 우리나라에서 나랑 같이 크면 안 돼?"

용주는 삼촌의 팔을 잡고 애원했다. 용주를 보며, 삼촌의 눈빛이 조금 흔들렸다. 삼촌의 팔에서 힘이 빠져나가 용주가 흔드는 대로 흔들렸다.

"아, 모리상."

골목 끝에서 누가 삼촌을 부르며 다가왔다. 경찰 옷을 입지는 않았지만 일본 경찰이 분명했다. 전에 봤던 그 남자였다. 일본 경찰이 턱짓으로 용주를 가리켰다.

"누구?"

"내 조카요."

"아, 일을 물려주겠다던? 좋아, 좋아. 대대로 대일본제국에 충성하는 집안! 크크크."

일본 경찰이 웃었다. 그 웃음에 용주의 얼굴이 붉어졌다. 삼촌도 얼굴이 벌게지고 입술이 떨렸다.

"그래, 가지고 온 거 주시오. 분명 그 탈영병 소식이겠지?

이 근처에 군인들이 많이 보이던데?"

일본 경찰이 손을 내밀었다.

힘이 다 빠진 삼촌의 팔을 잡으며 용주는 다시 한 번 삼촌 얼굴을 보았다. 삼촌과 눈이 마주쳤다. 삼촌의 팔에 힘이 들어갔다. 삼촌은 잠바 안주머니로 손을 쑥 집어 넣었다.

용주는 고개를 툭 떨어뜨렸다.

"이게 뭐요?"

"사진이잖소."

"지난번에 받은 사진 같은데?"

"그 사진에는 없는 사람이 여기 있소. 이 사람이 그 탈영병을 도왔다는 정보가 있어서."

용주는 고개를 들어 삼촌이 가리키는 사진을 보았다.

용주는 순간 입술을 깨물었다. 놀랍기도 했고 웃음이 나오려고도 했다.

"그렇소?"

"아주 중요한 인물이요. 잘 알아보시오."

일본 경찰은 사진을 빼앗아 들고 한참 들여다보았다. 그러더니 봉투를 삼촌에게 건네주었다. 봉투를 살짝 열어 본 삼촌이 흡족해하며 웃었다.

"그럼 다음에 또 봅시다."

일본 경찰이 입을 비죽여 웃으며 돌아섰다.

용주는 삼촌의 손을 꽉 잡았다. 사진에 찍힌 건 작년에 돌아가신 임정 어르신이었다. 삼촌은 별말 없이 골목을 나와 한인촌으로 갔다.

장준하 아저씨와 아이들이 화탄치를 뛰고 있었다.

삼촌이 장준하 아저씨에게 다가갔다. 그러고는 잠바 안주머니에서 공책을 꺼냈다.

"광복군 장준하의 이야기 잘 읽었습니다. 몰래 읽어서 죄송합니다. 이 이야기 다음에는 꼭 독립된 우리나라 이야기가 있으면 좋겠습니다. 부족하지만 힘을 보태겠습니다."

아저씨가 공책을 받아 들었고, 둘은 악수했다.

용주는 삼촌의 얼굴을 올려다보았다.

"용주야, 삼촌은 우리 아기 보러 가야겠다."

"삼촌은 정말 멋진 아빠가 될 거예요."

삼촌이 용주의 어깨를 토닥이고, 정류장으로 걸음을 빨리 했다.

11
우리가 다시 만날 곳

용주는 아저씨와 아이들과 함께 화탄치를 신나게 뛰다가 집으로 갔다. 가는 길에 아버지를 만났다. 오랜만에 아버지를 보는데도 용주는 멀뚱히 보기만 했다.

"다녀오셨습니까?"

옆에 있던 아저씨가 용주 대신 밝은 목소리로 물었다.

"어서 청년회관으로 갑시다. 용주야, 먼저 집에 가 있거라."

아버지와 아저씨는 청년회관으로 갔다. 아저씨가 아버지에게 받아야 할 게 뭘까 궁금했다.

용주는 집에 가자마자 부엌으로 들어갔다. 아버지의 몫까지 생각해서 쌀을 씻고, 밥물을 맞춰 화덕에 불을 피웠다.

뛰어다녀서 그런지, 배가 너무 고팠다. 찬장에 순애 엄마가 넣어 둔 나물 무침이 있었다. 밥물이 끓어올랐다. 화덕의 불을 줄이고 뜸이 들길 기다렸다. 뜸을 들이는 시간이 너무 길었다. 당장이라도 뚜껑을 열고 밥을 한 주걱 퍼서 먹고 싶었지만 기다렸다. 오랜만에 아버지와 장준하 아저씨와 같이 밥을 먹고 싶었다.

드디어 밥이 다 되었다. 용주는 밖으로 나가 아버지와 아저씨가 오나 기다렸다. 두 사람은 밤이 되어도 오지 않았다. 용주는 기다리다 지쳐 밥을 먹고 누웠다.

퍼뜩 잠이 깼다. 옆 침대에 아버지가 자고 있었다. 방바닥에 있던 아저씨의 가방이 없었다. 부엌문을 열었다. 화덕은 어제 그대로였다. 아침 6시였다. 아저씨가 들러서 가방만 들고 간 걸까 궁금했다.

용주는 밖으로 나와 두리번거리다 청년회관으로 갔다. 토교대는 청년회관에서 생활했다. 청년회관엔 아무도 없었다. 찬바람만 쌩쌩 불었다.

용주는 집까지 뛰어갔다. 아버지는 세수를 하고 나갈 채비를 했다.

"아버지, 토교대는 어디 갔어요? 아저씨는요?"

"아, 그 청년들은 광복군으로서 새 임무를 받아 떠나야 한단다."

"그럼 어디로 가는 거예요? 벌써 갔어요? 그런데 아빠가 어떻게 알아요?"

용주는 궁금한 것투성이였다.

"지금 연화지 청사에 갔어. 그곳에서 환송회를 하는데, 아버지도 가야 해."

"환송회요? 아버지, 나도 데려가요. 나도."

용주는 아버지의 팔을 잡고 놓지 않았다.

"그래, 같이 가자."

용주는 엄마를 기다리던 정류장에서 버스를 탔다. 혹시나 엄마가 올까 하는 마음에 연화지에 갔던 날, 처음 아저씨를 만났다. 오늘 아저씨는 그곳에서 환송회를 하고 떠난다.

"아버지, 이제 토교대가, 아니 광복군이 전쟁터에 나가는 거예요?"

아버지는 천천히 고개를 끄덕였다. 버스는 장강을 건너 충칭 시내로 방향을 틀었다.

"그럼 어디서 싸워요? 중국에서요? 중국 친구인 즈루이 아버지는 일본군과 싸우다……."
 아버지는 장강을 바라볼 뿐, 용주에게 자세히 말해 주지 않았다. 임시정부 어른들은 그랬다. 아이들은 공부만 하고, 씩씩하게 잘 크길 바랐다. 그래서 훗날 나라에 도움이 되는 인물로 자라길 바랐다. 하지만 아이들도 모이면 서로 들었던 이야기들을 나누며, 나라를 걱정하곤 했다.
 버스에서 내려 연화지 청사로 걸어갔다. 아버지는 서류 가방을 들고 청사 계단을 올라갔다. 용주는 계단 중간에서

잠시 숨을 골랐다. 아저씨를 보면 뭐라고 말해야 하나, 가슴이 두근거렸다. 임정 청사 강당에 광복군이 모여 있었다.

김구 주석 어르신이 앞에서 벅찬 목소리로 연설했다.

"지난 40년에 우리는 광복군을 창설하고, 일본에 선전포고를 하였습니다. 지금 일본군은 미국과 중국과 벌이는 전쟁에서도 계속 패하는 상황입니다. 이런 상황에서 여러분이 광복군으로서 큰일을 해 줄 거라 믿습니다. 우리는 꼭 우리 손으로!"

어르신은 팔을 올려 주먹을 쥐었다. 그리고 이어 말했다.

"독립을 이루어야 합니다. 그래야만 온전한 독립국으로 세계에 우뚝 설 수 있습니다. 여러분은 시안으로 가서 미국 군인들과 함께 훈련을 받을 것이고, 연합하여 우리나라 영토에서 일본군을 몰아내는 작전을 수행할 것입니다. 여러분의 뜨거운 애국정신과 젊음이 부럽습니다. 대한민국 임시정부는 물심양면 그대들을 도울 것입니다."

주석 어르신이 앞에 있는 청년들과 눈을 맞추었다. 용주는 군인들의 뒷모습만 보느라, 장준하 아저씨를 찾지 못했다.

청년들이 경례를 하고, 바닥에 놓았던 가방을 어깨에 멘 채 모두 뒤돌아섰다. 장준하 아저씨와 용주의 눈이 마주쳤다. 아저씨의 눈이 커졌다. 청년들이 줄을 지어 강당을 빠져나갔다. 아저씨도 앞사람을 따라 움직였다. 용주는 눈으로만 아저씨를 좇았다. 밖으로 나가던 아저씨가 걸음을 멈추더니 뒤돌아서 용주에게 다가왔다.

"학교도 안 가고…… 아침밥은 해 먹었니? 운동은 하고? 다시 방공호에서 쓰러지지 않으려면 몸을 꼭 단련해야 한다."

용주는 눈물이 떨어질 것 같아서 눈을 더 크게 떴다.

"녀석, 오늘 화탄치 개울을 열 바퀴는 뛰어야겠구나."

아저씨가 용주의 머리카락을 쓸어 넘기고 어깨를 두드렸다.

"언제 오세요? 꼭 다시 오실 거죠?"

더 많은 말을 하고 싶었는데, 이 말만 나왔다.

"아니, 다시는 이곳에 오지 않을 거다."

용주의 가슴이 철렁했다. 언뜻 즈루이네 아버지 생각이 나서 머리를 세차게 흔들었다.

"우리가 다시 만날 곳은 독립한 우리나라 땅이다."

아저씨가 힘주어 말했다. 용주는 고개를 끄덕였다. 아저씨는 용주 어깨를 두드리고는 밖으로 나갔다. 따라가 보니 아저씨가 내려가는 계단 아래쪽에서 트럭이 기다렸다. 용주는 트럭에 오르는 아저씨 뒷모습을 보기만 했다.

어느새 다가온 김구 어르신이 옆에 있던 아버지에게 말했다.

"조한영 동지, 시안을 오가며 광복군의 비밀작전을 성사시키느라 정말 고생 많았소. 용주도 고생 많았다. 어머니와 아버지를 독립운동가로 두고, 씩씩하게 자라는 너도 독립운동을 하고 있는 것이다."

용주는 김구 어르신의 말이 언뜻 이해되지 않았다. 아버지를 보았다.

"아버지와 엄마는 농장에서 일하고 있잖아요. 설마, 독립운동을 숨기려고 그렇게 말한 거였어요?"

용주의 물음에 아버지가 고개를 끄덕였다.

"정말이에요? 왜 숨겼어요? 난 그런 것도 모르고……."
용주의 눈이 빨개졌다. 아버지가 용주를 감싸 안았다.
"미안하다. 어쩔 수가 없었어."
"아니에요, 미안한 거 아니에요. 절대로…… 그럼 엄마는 지금 어디 계세요?"
"군자금 모금을 하고, 이제 오는 중일 게다."

용주는 계단을 내려가며 무심코 저 아래 공터를 보았다. 안개가 걷히면서 한 사람이 눈에 들어왔다. 코트와 목도리로 몸을 감싼 여자가 커다란 가방을 들고 걸어왔다. 용주 쪽을 바라보던 여자는 가방을 내려놓고 두 손을 높이 올려 흔들었다.
"용주야! 용주야!"
엄마가 왔다. 용주도 두 손을 힘껏 들어 보였다.

광복군 장준하를 지켜라!

초판 1쇄 발행 2023년 10월 1일
초판 2쇄 발행 2024년 11월 1일

지은이 장성자
그린이 정인성, 천복주
펴낸이 고대룡
편 집 김리라
디자인 손현주
펴낸곳 꿈꾸는섬

등록번호 제 410-2015-000149호
등록일자 2015년 07월 19일
전화 031-819-7896 | **팩스** 031-624-7896 | **전자우편** ggumsum1@naver.com
ISBN 979-11-92352-26-8 74800
ISBN 979-11-967903-0-1 (세트)

* 저작권법에 따라 보호받는 저작물이므로 무단 전재와 복제를 금합니다.
* 책값은 뒤표지에 있습니다.
* 파본은 구매하신 서점에서 바꾸어 드립니다.

제품명 광복군 장준하를 지켜라! | 제조자명 꿈꾸는섬 | 제조년월 2024년 11월
사용연령 8세 이상 | 제조국명 대한민국
주소 (10375) 경기도 고양시 일산서구 대산로 164 (203동 303호)
KC마크는 이 제품이 공통안전기준에 적합하였음을 뜻합니다.